RÉPUBLIQUE FRANÇAISE

VILLE D'ALGER

CONSEIL MUNICIPAL

DÉRASEMENT PARTIEL
DES
FORTIFICATIONS

VOIES ET MOYENS D'EXÉCUTION

EMPRUNT
DE
17 millions 500.000 francs

RAPPORT DE LA COMMISSION

DÉCEMBRE 1891

ALGER
IMPRIMERIE ADMINISTRATIVE GOJOSSO
1891

VILLE D'ALGER

CONSEIL MUNICIPAL

DÉRASEMENT PARTIEL

DES

FORTIFICATIONS

VOIES ET MOYENS D'EXÉCUTION

EMPRUNT

DE

17 millions 500,000 francs

RAPPORT DE LA COMMISSION

DÉCEMBRE 1891

ALGER

IMPRIMERIE ADMINISTRATIVE GOJOSSO

—

1891

DÉRASEMENT PARTIEL

DES

FORTIFICATIONS

VOIES ET MOYENS D'EXÉCUTION

EMPRUNT

DE

17 millions 500,000 francs

RAPPORT DE LA COMMISSION

MESSIEURS,

Dans la séance au cours de laquelle, le 2 décembre, le Maire déposait sur le bureau du Conseil, revêtue des signatures des parties contractantes, la Convention qui a trait aux conditions du dérasement des fortifications de notre ville, vous avez nommé une commission de six membres (1).

---

(1) Le Maire, président, MM. de Gineste, Cat, Begey et Simeray, membres de la Commission première des fortifications, auxquels ont été adjoints MM. Casabianca et Tacconis délégués pour le même objet auprès du Ministre de la Guerre à la suite de l'expertise.

PREMIÈRE PARTIE

I. — Mandat de la Commission

Vous avez donné mandat à cette Commission d'étudier et de rechercher, d'accord avec la Municipalité et sur la proposition que celle-ci vous en a fait, « *la solution des voies et moyens financiers* » qui vous paraîtrait de nature à assurer l'exécution intégrale du vaste projet auquel vous n'avez cessé un instant de vous intéresser.

Deux solutions principales vous ont été indiquées comme se trouvant naturellement en présence :

La première avait trait à la réalisation de l'opération par la voie directe, c'est-à-dire avec les propres ressources et moyens financiers de la commune, à l'exclusion de toute participation directe ou indirecte d'un intermédiaire quelconque.

La Municipalité rappelait à ce propos, avec raison, que cette solution avait été sommairement examinée, mais retenue au moment de la présentation du budget de 1891.
Elle ajoutait que la discussion du budget de 1892, qui était imminente, fournirait l'occasion d'un examen de même nature, mais portant sur des bases plus solides et plus réalisables.

Quant à la deuxième solution, le Maire rappelait — ce qui est exact — qu'elle avait été jusqu'à présent seulement indiquée par de vagues suggestions extérieures. Elle n'avait donc pu être l'objet soit de la part du Conseil, soit de la part de la Municipalité d'un examen attentif.
Nous estimions tous, en effet, qu'avant la signature de la Convention, il était prématuré et superflu de provoquer des propositions de cette nature, car à défaut de contrat définitif, on ne pouvait raisonner des conditions à faire ou à accepter. Etait-on seulement fixé sur

lo prix, sur les époques de paiement, sur les réservos territoriales, sur les dépenses de voirie ?....

Au surplus, n'était-il pas plus prudent de laisser l'avenir absolument dépouillé de tout engagement pouvant lier l'action ultérieure du Conseil municipal ?

Néanmoins l'examen de la solution relative à la réalisation de l'opération, par voie de rétrocession a été retenue par vous comme devant faire de la part de la Commission et concurremment avec la première combinaison, l'objet d'un examen.

C'est dans ces conditions que le mandat de votre Commission a été défini et qu'elle s'est mise immédiatement à l'œuvre.

II. — Choix d'une solution : l'emprunt

Dans ses réunions présidées par le Maire, les deux solutions présentées ont été examinées sous toutes leurs faces.

Et d'abord votre Commission a demandé communication des propositions que la Municipalité avait pu recevoir, touchant l'exécution par voie de traité à passer avec une société ou compagnie financière.

Cette communication nous a été faite.

La correspondance échangée dans ce but, de part et d'autre, est très sobre d'explications. Elle se borne, soit à des demandes de renseignements, soit à des indications générales desquelles il n'a pas paru à la Commission qu'il y eût lieu de faire état, actuellement. La Municipalité a du reste pris la sage précaution de laisser votre action, sur ce point, absolument libre. Elle a invariablement répondu qu'elle entendait ne rien compromettre, ne rien engager tant que la Convention ne serait pas un fait accompli. Elle a ajouté que cet acte devenu public, il serait élaboré un programme financier et économique sur le vu duquel compagnies et sociétés pourraient baser des offres concurrentes si le Conseil municipal s'arrêtait à cette solution ; qu'en tous cas aucun « droit de priorité » ne serait réservé à quiconque formulerait des propositions, même acceptables.

Par conséquent, votre Commission, si elle avait admis le principe de la rétrocession, se serait trouvée en présence d'un programme à dresser de toutes pièces et elle eût pu s'y livrer en toute liberté d'esprit, la Ville n'ayant aucun lien de droit ni de fait qui puisse la gêner.

Mais votre Commission n'a pas eu à entrer dans cette étude, car, après une discussion comparative des deux solutions en présence, elle s'est ralliée à celle qui consiste à réaliser l'opération à l'aide des moyens et ressources dont dispose la Ville, l'autre solution étant d'ailleurs absolument réservée.

Les motifs sur lesquels votre Commission s'est appuyée pour vous proposer cette résolution sont de divers ordres. Ils méritent d'être indiqués. Mais avant d'y arriver, votre Commission a constaté, comme vous l'avez fait vous-mêmes, que la Convention du 27 novembre n'oblige pas la Commune, par une stipulation formelle, à rechercher d'autres voies et moyens de réalisation et de paiement en dehors de ceux consignés dans cet acte. On peut dire, sans être taxé d'optimisme, que cette Convention porte en elle-même ses moyens de réalisation?

L'Etat, vendeur, a, en effet, la garantie des sommes qui lui sont dues par la jouissance des immeubles cédés, tant que la Ville n'a pas effectué le paiement des premiers acomptes de son prix, soit par exemple deux millions versés à l'Etat, en échange desquels la Ville recevrait pour 2,080,000 francs de terrains. Il serait ensuite possible à la Ville, par des aliénations combinées de faire argent de ces terrains dont le produit servirait successivement à payer les acomptes ultérieurs.

Pour engrener l'affaire, il suffirait donc que la Ville ait à sa disposition trois ou quatre millions, ce qui ne saurait être difficile dans l'état actuel de ses finances à l'aide de simples avances que ferait, par exemple la Banque de l'Algérie ainsi que cela a eu lieu pour la rue Randon.

Mais nous ne nous attarderons pas à cette démonstration ; car, si la Convention est muette à bon droit sur les voies et moyens financiers dont peut disposer la Ville ; si les parties contractantes n'ont pas exigé d'autres garanties financières que celles résultant des compensations qu'offre l'affaire, votre Commission estime que la Ville se doit à elle-même de prévoir l'avenir en prouvant que l'opération, si elle n'est pas faite dans un but de lucre ou au moyen de spéculations hâtives et à courte échéance, peut et doit, si elle est sagement menée, aboutir à un résultat final, profitable à tous les intérêts généraux.

C'est un des motifs qui nous ont conduits à proposer à votre choix la réalisation directe.

Il en est d'autres :

Les propositions qui nous sont actuellement soumises sont imparfaites et insuffisantes.

Si vous vous rangiez à l'idée de l'exécution par l'intermédiaire d'une société, il faudrait que nous fussions en état de provoquer des offres concurrentes. Or, ces offres ne pourraient être que conditionnelles, parce que la Convention ne sera définitive que lorsque la loi, l'approuvant, aura été votée. Et, ces offres elles-mêmes pourraient-elles être fermes et non subordonnées à un événement inconnu — ce qui aurait pour première conséquence de rendre plus rigoureuses les conditions qui pourraient nous être faites — que nous ne serions pas actuellement en mesure de définir et de préciser le coëfficient exact des obligations et avantages à imposer au rétrocessionnaire.

Comment, dans de telles conditions, autoriser des études, mettre en mouvement des capitaux, prendre des engagements sérieux sur de simples promesses ?

Vous savez. en effet, messieurs, que sur cette question du déclassement des fortifications, les esprits les plus pondérés se sont mis d'accord pour admettre que la disponibilité de 30 hectares de terrains devait permettre à la Ville d'y trouver l'assiette des établissements municipaux et scolaires qui manquent à sa dotation. Vous savez que quelques-uns de ses organes vitaux (alimentation en eau, réfection du réseau d'égouts, etc.,) sont insuffisants ou perfectibles.

Il eût donc fallu supputer très exactement les bénéfices et charges de l'opération à rétrocéder ; — tenir compte des nombreux aléas ; — calculer l'amortissement du capital utile au paiement des terrains, chiffrer les intérêts pendant la période de réalisation ; — définir les surfaces à livrer à la voirie ; — assigner les lots réservés ; — établir un plan de lotissement, des projets de travaux de voirie et de mise en valeur des terrains à bâtir ; en évaluer l'importance, en même. temps que celle des travaux d'égouts, de canalisation d'eau, do plantations des rues et promenades ; énumérer les établissements municipaux et scolaires à installer sur les nouveaux terrains, en fixer les détails en même temps que la dépense, si elle devait être à la charge du cessionnaire ou prise au compte de la Ville et dans quelle mesure.

Il eût fallu également faire un compte aussi exact que possible de la valeur des terrains cédés non plus au jour de la cession, mais après l'exécution de tous les travaux prescrits et au moment de leur utilisation.

Ces calculs eussent été absolument nécessaires pour fixer d'une manière certaine les bases du cahier des charges à imposer aux Sociétés et Compagnies qui auraient eu l'intention est de prendre l'opération à leur compte.

Ils ne pouvaient être obtenus que par un travail considérable et au moyen de documents volumineux et précis que la Commission, pas plus que l'administration municipale, ne sont en état de fournir actuellement, dans les conditions voulues pour provoquer des offres sérieuses et discutables, capables, si elles étaient admises, d'appuyer le projet de loi qu'il faut à bref délai, obtenir du Parlement.

Au surplus, un acte de rétrocession qui comprendrait l'exécution de tous les travaux d'édilité et de voirie devrait être appuyé de projets techniques ayant subi les épreuves des enquêtes et des conférences.

En estimant à deux ans le délai nécessaire pour l'accomplissement de toutes ces formalités, on peut affirmer qu'il n'y aurait pas un instant de perdu, tant ces formalités sont complexes, multiples et minutieuses, vous le savez par expérience.

Enfin, lorsque le Conseil municipal a introduit dans la convention (article 20) la faculté de rétrocession, ce n'était pas dans la pensée d'en faire un usage immédiat, mais d'y recourir éventuellement, au moment voulu et après que l'affaire aurait été engagée et liée définitivement entre l'Etat et la Ville. C'était et c'est encore une porte ouverte à une solution possible, mais dont il ne faudra franchir le seuil qu'à bon escient et après mûre réflexion. De plus, en tenant compte des conditions dans lesquelles les terrains sont remis à la Ville, on constate qu'il en est une bonne partie, notamment dans ceux de la première catégorie, qui sont susceptibles d'être aliénés directement sans exiger de grands travaux d'édilité et sans que la Ville, pour l'instant, ait besoin d'un intermédiaire pour effectuer leur mise en vente.

Ces considérations ont rendu notre tâche facile.

Enfin il entrait dans votre esprit, ainsi que vous en avez posé les jalons au budget de 1891, de résoudre l'opération par voie d'emprunt direct, gagée sur les ressources communales.

Cette opération, en effet, est possible. Elle est économique. Elle permet d'attendre, d'agir à son heure, de ne point se livrer aveuglément ; de faire ses conditions, d'éviter ou d'atténuer toute crise financière ou immobilière et de faire, en un mot, la Ville maîtresse de ses projets de transformation.

Et comme, en résumé, la totalité de l'emprunt ne sera pas réalisable immédiatement, il en résultera pour la Ville à la fin la possibilité d'étudier mûrement une autre combinaison et — en attendant — de pourvoir à l'exécution de travaux intéressant aussi bien les besoins de la ville actuelle que ceux des quartiers futurs.

Enfin, messieurs, une dernière considération toute morale et de sentiment, mais qui a bien aussi sa valeur nous a encouragés dans notre détermination : La population d'Alger est à la veille de répondre à une consultation électorale portant et sur l'accomplissement de notre mandat et sur l'élaboration du programme à imposer à nos successeurs.

Il serait, à notre avis, imprudent d'enchaîner l'avenir sur un point aussi important que celui qui nous occupe par une nouvelle convention forcément hâtive, alors qu'il est si simple et si naturel de réserver cette solution sur laquelle on ne saurait être fixé, à l'examen du corps électoral lui-même sans léser les intérêts de la commune, ni nuire à la réussite de l'opération.

En l'état, l'essentiel est donc d'achever notre œuvre dont la signature de la Convention n'est qu'une étape, en provoquant l'édiction de la loi approbative du déclassement des fortifications et de l'acte qui en est la conséquence.

Le moyen le plus sûr, le plus efficace, le plus rapide pour aboutir dans ce sens, consiste précisément à limiter et circonscrire l'action de la Commune dans la présentation d'un projet d'emprunt dont le produit servira uniquement, et sans autre dépense étrangère, à payer les 11,470,000 francs qui seront dus à l'Etat.

C'est donc un projet d'emprunt de dix-sept millions cinq cent mille francs, y compris la conversion de la dette consolidée, que nous avons arrêté et que nous vous proposons.

Mais avant de formuler cette conclusion, nous croyons utile d'entrer dans quelques développements

III. — Economie de la Convention.

Vous en connaissez, messieurs, par le détail toutes les conditions, aussi n'y reviendrons-nous que très brièvement.

L'Etat vend à la Ville les immeubles désignés ci-après :

N° D'ORDRE	DÉSIGNATION DES IMMEUBLES	SURFACES
		h. a. c.
1	Terrains de Bab-el-Oued, extra-muros, entre la mer et les carrières.	2 37 92
2	Anciennes carrières de Bab-el-Oued.	8 29 »
3	Terrains situés en avant de la caserne Valée.	» 32 58
4	Arsenal d'artillerie et esplanade Bab-el-Oued.	5 71 21
5	Terrains compris entre le Boulevard de la République et la rue de Constantine.	1 38 40
6	Terrains compris entre les rues de Constantine et d'Isly.	1 43 28
7	Terrains compris entre les rues d'Isly et Saint-Augustin prolongée	» 96 78
8	Esplanade Margueritte et Fort Bab-Azoun.	1 » 08
9	Terrains compris entre les rues Michelet et Baudin (Club Gymnastique).	1 23 72
10	Terrains compris entre la rue Michelet et la limite de la zone des fortifications (Parc d'Isly).	1 25 26
11	Terrain déclive situé à l'ouest du parc d'Isly.	» 24 20
12	Pointe située entre les rues Michelet et Charras.	» 1 64
13	Terrains compris entre la rue Baudin et le Chemin de fer.	1 50 69
14	Terrains de pourtour du Champ de Manœuvres de Mustapha.	4 70 72
15	Caserne Lemercier	» 25 60
16	Ancien gymnase de la caserne Lemercier.	» 4 27
17	Caserne Macaron.	» 7 47
18	Terrain voisin de la caserne Macaron.	» » 65
19	Maison rue d'Orléans, 12.	» 1 31
20	Maison rue Jean-Bart et terrain annexe rue Volland.	» 5 26
21	Maison rue Scipion, 3.	» 2 90
22	Terrain à l'angle des rues du Marché et Mogador.	» 2 23
23	Terrain à l'angle des rues du Marché et Dupuch.	» » 73
24	Ancienne batterie turque n° 8 et terrain environnant.	» 16 45
25	Maison rue des Mamelucks, 3.	» » 94
26	Maison rue de Tombouctou, 12.	» 1 14
27	Maison rue Sidi-Ramdan, 8.	» » 93
	Totaux.	31 15 06

Observons de suite que de ces 31 hectares 15 ares 6 centiares, il faut déduire la surface utile affectée à la Voirie laquelle d'après l'expertise, a été évaluée aux *deux septièmes* de la surface totale, soit 8 h. 11 a. 80 c. auxquels il convient d'ajouter 62 a. 85 c. de voirie par suite de la remise postérieure à l'expertise de 2 h. 20 a. de terrains au Champ de Manœuvre. La voirie serait donc de 8 h. 73 a. 66 c.

Le prix d'acquisition ne porte donc non pas sur l'intégralité de la surface vendue, mais seulement sur celle utilisable pour des constructions.

Cette superficie de 31 h. 25 a. 06 c. ou plutôt, déduction faite de la voirie, de 22 h. 40 a. 40 c., sera payée dix millions

Aux termes de l'article 7 de la Convention, la Ville n'entrera en possession et jouissance des immeubles vendus qu'au fur et à mesure des remises qui lui seront faites par le département de la Guerre.

A cet effet, ces immeubles sont divisés en trois catégories.

Les immeubles de la 1ᵉ catégorie, comprenant les lots nᵒˢ 6 *(partie nord jusqu'à la chappelle anglicane)* 12, 14, 18, 19, 21, 22, 23, 24, 25, 26, 27, seront remis dans le délai d'un mois à partir du jour où la Convention sera devenue définitive.

Ces immeubles sont les suivants et représentent une somme de 2,080,000 francs.

N°s des lots	DÉSIGNATION	SURFACES TOTALE	Approximative de voirie	Nette expertisée à revendre	PRIX d'achat du mètre	PRIX total d'achat
		h. a. c.	h. a. c.	h. a. c.		
6	Partie Nord jusqu'à la chapelle anglicane, terrains compris entre les rues Constantine et d'Isly (les 3/4 environ du lot total)	»	»	»	100	750.000 »
12	Entre les rues Michelet et Charras	1 64 00	0 46 00	1 18	10	1.180 »
14	Terrain de pourtour du Champ-de-Manœuvres de Mustapha	4 70 72	1 34 49	3 36 23	36	1.210.428 »
18	Terrain voisin de la caserne Macaron	65	10	55	»	3.850 »
19	Maison rue d'Orléans, 12	1 31	»	1 31	»	10 500 »
21	Maison rue Scipion, 3	2 90	»	2 90	»	42.450 »
22	Terrains angle des rues du Marché et Mogador	2 23	»	2 23	»	12 280 »
23	Rues du Marché et Dupuch.	73	»	73	»	730 »
24	Ancienne Batterie turque n° 8.	16 15	»	16 15	»	29.070 »
25	Maison rue des Mameluks, 3	94	»	94	»	7 000 »
26	Maison rue Tombouctou, 12	1 14	»	1 14	»	5 460 »
27	Maison rue Sidi-Ramdam, 3	93	»	93	»	4.034 »
	Total.					2.076.982 »
	En chiffres ronds					2.080.000 »

Les immeubles de la 2ᵉ catégorie, comprenant les lots nᵒˢ 4 (*partie s'étendant jusqu'à la rue du Rempart actuelle*), 5, 8, 15, 16, 17, 20, ne seront remis que successivement et après l'organisation des établissements militaires destinés à les remplacer.

Cette remise aura lieu dans le délai de trois ans qui suivra le versement du premier acompte d'un million.

Ces immeubles sont désignés dans le tableau suivant et représentent une valeur de 5,150,000 francs.

N°. des lots	DÉSIGNATION	SURFACES			PRIX d'achat du mètre	PRIX TOTAL
		TOTALE	Approximative de voirie	à revendre		
		h. a. c.	h. a. c.	h. a. c.		
4	Arsenal d'artillerie et Esplanade Bab-el-Oued.	5 71 21	1 63 20	4 08 0!	67 50	2.754 067 50
5	Terrain compris entre le boulevard de la République et rue de Constantine.	1 38 40	39 54	98 86	120 »	1.186 320 00
8	Esplanade Marguerite et fort Bab-Azoun.	1 00 08	28 59	71 49	95 »	679 155 00
15	Caserne Lemercier	25 60	70	24 90	»	400.000 00
16	Ancien gymnase de la caserne Lemercier	4 27	2 05	2 22	»	22.200 00
17	Caserne Macaron	7 47	1 10	6 37	»	63.760 00
20	Maison rue Jean-Bart et terrain annexé rue Volland . .	5 26	61	4 63	»	41.850 00
	Total.					5.147.352 50
	En chiffres ronds					5.150.000 00

Nous constatons que par suite de la remise des lots compris dans les deux premières catégories, et dont la Ville aura payé le prix, dans un délai de trois ans, elle sera en possession d'immeubles, d'une valeur d'après l'expertise, de 7,130,000 francs.

Ajoutons encore que, comme les immeubles de la deuxième catégorie comprennent des établissements militaires que le service du Génie devra remplacer dans ce délai de trois ans, c'est dans cette même période que l'Etat devra consacrer à la reconstitution de ces établissements militaires la plus grosse partie des six millions que la Ville lui aura payés.

Ces travaux considérables seront assurément profitables au développement de la Ville. Ils contribueront, par suite de l'activité des chantiers et des transactions, à assurer la plus-value des terrains cédés à la Ville.

Les immeubles de la 3e catégorie, comprenant les lots nᵒˢ 1, 2, 3, 4 *(partie complémentaire)*, 6 *(partie complémentaire)*, 7, 9, 10, 11, 13, ne seront remis qu'après le complet achèvement des travaux de dérasement, c'est-à-dire dans un délai de cinq ans à partir de la promulgation de la loi approbative de la Convention *(article 7)*.

Ces immeubles sont désignés dans le tableau suivant et représentent 2,770,000 francs.

N° des lots	DÉSIGNATION	SURFACES			PRIX d'achat du mètre	PRIX total
		TOTALE	Approximative de voirie	A revendre		
		h. a. c.	h. a. c.	h. a. c.		
	Terrain de Bab-el-Oued extra muros entre la mer et les carrières	2 37 92	67 97	1 66 95	27 50	467.362 50
2	Anciennes carrières Bab-el-Oued	8 29	2 36 85	5 92 15	1 75	103.626 »
3	Terrains situés en avant de la caserne Valée	32 58	9 31	23 25	27 50	63.992 50
6	Id. rue d'Isly. — Eglise Anglicane. — Corps de garde (partie complémentaire, le 1/4 environ du lot).	»	»	»	100 »	235 000 »
	Terrains rue d'Isly. — St-Augustin prolongée	96 78	27 65	69 13	55 »	380 205 »
9	Id. du Club gymnastique	1 23 72	35 35	88 37	67 50	596.496 50
10	Id. du Parc d'Isly	1 25 26	35 79	89 47	60 »	536.820 »
11	Id. à l'ouest des portes d'Isly	24 20	6 91	17 29	5 »	8 645 »
13	Id. compris entre la rue Baudin et le chemin de fer.	1 50 69	43 05	1 07 64	35 »	376 740 »

Total 2 768 898 50

En chiffres ronds . . . . 2.770 000 »

La garantie de l'Etat — nous l'avons dit — consiste dans l'affectation de privilège des immeubles remis à la Ville.

Toutefois, et pour faciliter à celle-ci l'aliénation de ses immeubles, l'Etat consent à les affranchir de son privilège au fur et à mesure du paiement des acomptes.

Nous n'examinerons pas les autres conditions énumérées dans la Convention et que vous connaissez pour les avoir et discutées point par point depuis la reprise des négociations, c'est-à-dire depuis le mois d'août 1890. Nous ajouterons seulement qu'elle ne deviendra définitive et qu'elle ne produira son effet que lorsqu'elle aura été sanctionnée par une loi prononçant le déclassement des parties basses de l'enceinte d'Alger, remplacées par un boulevard de soixante douze mètres et dont les terrains, ainsi livrés à l'extension de la Ville, seront affranchis — ainsi que les terrains limitrophes appartenant à des particuliers — de toute servitude militaire résultant du décret du 10 août 1853.

En outre -- stipulation favorable et essentielle — tous ces terrains pourront, dans les conditions ordinaires de voirie, recevoir des constructions en façade sur les boulevards et rues militaires, telles par exemple que celles établies sur le boulevard de la République.

L'approbation du Ministère de la Guerre et du Ministère des Finances, représentant le Domaine de l'Etat, à cette Convention, résulte des pouvoirs donnés aux délégués des services du Génie et des Domaines, qui y ont apposé leurs signatures.

Elle résulte en outre, de la passation de l'acte entre le Préfet d'Alger agissant au nom et comme représentant du Domaine de l'Etat et stipulant pour le compte du département de la guerre, et le Maire, représentant la ville d'Alger.

Quant à l'approbation de M. le Ministre de l'Intérieur, elle est actuellement sollicitée par le Maire, en mission à Paris, afin d'obtenir le dépôt du projet de loi qu'au nom du Président de la République, les trois Ministres compétents, doivent, sous leur signature, présenter au Parlement.

C'est précisément pour déterminer régulièrement cette nouvelle et décisive phase de l'affaire que vous avez chargé une Commission de rechercher les voies et moyens financiers les plus efficaces pour arriver à une prompte solution. Parmi ces moyens se trouve le projet d'emprunt dont nous allons vous entretenir. Par les informations que le Maire nous a fournies de Paris, a la suite de ses premières entrevues avec les services compétents du Ministère de l'intérieur, l'emprunt direct parait être la forme la plus réalisable et la plus acceptable pour faire aboutir, auprès des Chambres, la loi indispensable à la conclusion de cette vaste opération.

Mais avant d'entrer dans l'exposé financier de l'emprunt, nous croyons utile et nécessaire de vous faire connaitre où en sont nos projets dressés en vue de l'utilisation des terrains des fortifications.

III — Utilisation des terrains des fortifications. — Etablissement du plan d'alignement et de nivellement. — Etude de divers projets d'édilité — Etat actuel de la question.

Au budget de 1891, la Municipalité vous a proposé et vous avez voté un crédit de 10,000 fr. avec l'affectation indiquée dans le titre qui précède.

Nous ne croyons mieux faire d'ailleurs que de reproduire ici les motifs qui vous ont déterminés à entreprendre ces études.

Voici, en effet, comment s'exprimait le Maire dans le rapport présenté à l'appui du budget :

« L'inscription de ce crédit nous parait indispensable si la commune veut être en mesure, dès la signature de la convention à passer avec l'Etat, non pas seulement d'aliéner les terrains qui lui seront cédés aux conditions que le Conseil a acceptées par sa délibération du 26 septembre et que les ministres de la guerre et des finances maintiendront, mais aussi pour pouvoir délivrer aux particuliers et propriétaires des terrains situés en dehors du périmètre cédé, l'autorisation de construire sur des alignements et des nivellements arrêtés officiellement.

« D'autre part, il est essentiel pour la ville elle-même, pour lui faciliter l'aliénation des terrains, soit par voie directe, soit par adjudication, soit en traitant avec une Société ou Compagnie, d'avoir un plan d'alignement et de nivellement pour qu'elle puisse dire aux acquéreurs dans quelles conditions ils traiteront et quelles seront, en résumé, les surfaces acquises à la voie publique aussi bien que les réserves qui seront faites pour les édifices publics, de façon à connaître exactement quelles seront les surfaces disponibles dont la valeur vénale sera destinée à récupérer ultérieurement la Ville ou ses ayants-droits des avances qu'elle ou eux auront faites.

« Enfin, ce plan est d'autant plus indispensable — ajoutait-on — qu'il constituera le plan d'avenir. On ne peut pas en effet impunément tabler sur plus de trente hectares de terrain et délivrer des alignements au jour le jour, sans suite, sans idées générales en laissant s'accumuler des fautes irréparables, ainsi que cela a eu lieu pour Alger dans certains quartiers, quartiers que ce plan d'alignement et de nivellement atteindrait également.

« Cette étude doit être conduite rapidement, car elle doit être soumise à l'appréciation de divers services par la voie de conférences mixtes à tous les degrés et le Conseil n'ignore pas que la procédure à suivre en pareille matière est longue, pleine de détails et de difficultés. Il est donc utile de l'entreprendre au plus tôt.

« Mais ce n'est pas tout : — cette étude ne doit pas se borner à ce plan d'alignement et de nivellement de voies à prévoir et à tracer. Elle s'applique avec autant de raison aux projets de travaux d'ouverture de ces rues nouvelles, aux empierrements, aux autres travaux utiles à une bonne viabilité.

« Cette étude doit aussi s'adresser à la rédaction des projets d'égout, de canalisations diverses (eau, gaz, etc.).

« Elle doit enfin avoir pour objectif l'expropriation de certains immeubles à démolir, si les projets d'amélioration, dans l'intérêt de l'hygiène et de la salubrité de certains quartiers celui de la Préfecture notamment, sont toujours à l'ordre du jour.

« Ajoutons enfin, et comme dernière considération déterminante, que, si la Ville réalise elle-même l'opération et qu'elle contracte un emprunt, il deviendra indispensable qu'elle produise à l'appui ses projets approuvés. Il en sera de même si elle accepte les offres d'une société, si elle les provoque ou si elle s'adresse à une Compagnie quelconque. Dans tous les cas, il est essentiel qu'elle impose ce qu'elle désire, ce qu'elle veut, au lieu de subir des conceptions et des conditions toujours difficiles à contrôler. Et cela est d'autant plus nécessaire, dans ces divers cas, que la Ville a dès réserves à faire pour ses rues, ses places, ses terrains destinés à recevoir les édifices publics communaux dont les projets ne peuvent surgir faute d'emplacement.

« Par tous ces motifs, sommairement esquissés et que nous développerons plus largement lorsqu'il s'agira pour le Conseil de déterminer l'emploi du crédit de dix mille francs destiné à faire face aux frais d'études :

« 1° D'un plan d'alignement et de nivellement des rues et

places à ouvrir sur les terrains susceptibles d'être aliénés pour recevoir des constructions par suite de leur remise à la Ville ;

« 2° D'un plan d'alignement et de nivellement des voies destinées à relier à travers le boulevard projeté de 72 mètres (nord et sud), les quartiers extra-muros aux quartiers intra-muros ;

« 3° Des avant-projets ou des projets de voirie (chaussées, caniveaux, trottoirs, égouts, canalisations, eau et gaz, etc.).

« 4° D'un plan d'alignement et de nivellement des rues à ouvrir dans les quartiers susceptibles d'être transformés pour les mettre en harmonie et en communication rationnelle avec les quartiers neufs ;

« 5° D'un projet de travaux de voirie (égouts, chaussées, canalisations, etc.) intéressant ces quartiers, ainsi qu'une étude des expropriations à faire, le tout appuyé de devis raisonnés et d'estimations sommaires.

« Ces indications nous paraissent suffisantes pour justifier l'inscription demandée, sauf, nous le répétons, au Conseil à en régler l'emploi ultérieur, si le crédit est maintenu. »

Et en effet, Messieurs, par une délibération du 16 février 1891, vous avez organisé, sur la proposition de la Municipalité, l'équipe des agents techniques chargés des études pour lesquelles vous aviez voté ce crédit de 10,000 francs.

Dès le mois de février, les études ont été entreprises et nous allons vous indiquer à quel point précis elles ont été menées jusqu'à présent.

Nous vous avons rappelé, par l'analyse de la Convention, que les réserves faites par l'expertise pour la voirie, ont été déduites de la surface générale pour une superficie de 8 h. 73 a. 66 c.

Les plans annexés à la Convention ne figurent aucun lotissement absolu. Ils ne comportent d'indication précise qu'en ce qui concerne les voies reliant, à travers le boulevard de 72 mètres, les terrains en deçà et au delà, tels, par exemple, du côté de Bab-el-Oued, le prolongement de la rue Randon et de la rampe Valée à travers les fortifications, le prolongement de l'avenue Bab-el-Oued dans le cœur des terrains militaires situés à la sortie de la porte de ce nom, et le prolongement du boulevard Amiral-Pierre au-dessus du bastion n° 2 pour se souder à la route Malakoff.

Les mêmes indications sont fournies pour le côté Bab-Azoun, en ce qui concerne les voies existantes : rues de Constantine, d'Isly et boulevard de la République.

Au surplus, aux termes de l'article 12 de la Convention, « l'Etat ne prend aucun engagement en ce qui « concerne l'ouverture ou la viabilité des routes, che- « mins, rues ou autres voies publiques, représentés ou « non sur le plan des immeubles vendus et entend res- « ter complètement étranger, en tant que vendeur, à « tous les frais que pourront occasionner le nivellement, « le régalement du sol, l'empierrement des chaussées « existantes ou futures, y compris les rues du rempart « constituant la zone intérieure de la fortification en ar- « rière des grilles, rues pour lesquelles l'Etat n'a pris à « sa charge que les travaux de terrassement.

« D'une manière générale, tous les travaux, de « quelque nature qu'ils soient, à exécuter sur les empla- « cements des immeubles vendus resteront à la charge « de la Ville.

« Celle-ci fera son affaire personnelle des modifica- « tions, rectifications et suppressions de voies publiques « qui pourront être nécessaires pour l'entière appropria- « tion et utilisation des terrains qui lui sont vendus, « l'Etat n'entendant nullement, à cet égard, lui garantir « la libre disposition des terrains qui sont occupés par « les dites voies. »

Par conséquent, en l'état de la Convention, la Ville demeure absolument libre de ses études touchant les dispositions à prendre pour régler la voirie et le lotis- sement de ses terrains.

En ce qui concerne les études relatives à la voirie, il est d'ordre public que tous les projets qui en feront l'objet devront, pour devenir définitifs, être soumis aux enquêtes règlementaires selon le décret du 26 août 1859 sur les rues d'Alger, les lois et décrets spéciaux, la loi du 5 avril 1884, puis aux conférences mixtes, d'après les dispositions du décret du 10 août 1853. De plus, les travaux devront être déclarés d'utilité publi- que.

C'est donc dégagé de toute obligation et préoccu- pation que le service des travaux communaux a pro- cédé à la première partie des études que vous lui avez confiées il y a un an.

En voici les dispositions principales et sommaires :

§ Ier. — Surfaces occupées par les rues

1° *Côté Bab-el-Oued*

Le nombre des rues desservant tous les terrains intra et extra-muros s'élève à trente ; leur développement kilométrique atteint environ 4,800 mètres ; leur largeur varie entre huit et quatorze mètres ; la surface occupée est de 48,000 mètres.

L'étude a, de plus, porté sur 500 mètres de prolongement de rue se raccordant aux voies nouvelles, et occupant une surface de 5,000 mètres, ce qui élève à **53,000 mètres** la superficie réservée à la voirie sur 15 h. 70 a. 71 c. de terrains vendus.

Pour ce côté, la moyenne de deux septièmes indiqués au cours de l'expertise, a donc été respectée.

2° *Côté Bab-Azoun*

Le nombre des rues desservant les terrains vendus de ce côté de la Ville est de 28 ; leur développement kilométrique atteint environ 3,200 mètres ; leur largeur varie de huit à dix-huit mètres ; la surface occupée est de 29,784 mètres sur une superficie vendue de 90,405 mètres ; la moyenne est donc supérieure à celle adoptée des deux septièmes

3· *Terrains de pourtour du Champ-de-Manœuvres*

Sur 4 h. 70 a. 72 c. de terrains remis, la surface affectée à la voirie représente 1 h., 34 a., 49 c , soit également la moyenne adoptée des deux septièmes.

EN RÉSUMÉ :

	TERRAINS A BATIR			VOIRIE			TOTAL		
	H	A	C	H	A	C	H	A	C
Côté Bab-el-Oued .	11	40	71	5	30	00	16	70	71
Côté Bab-Azoun . .	6	42	21	2	97	84	9	40	05
Champ de Manœuvre	3	36	23	1	34	49	4	70	72
Totaux . . .	21	19	15	9	62	33	30	81	48

La différence entre ce total et la surface vendue qui est de. 31 15 06

provient des surfaces occupées par les immeubles bâtis (casernes Lemercier, Macaron, Maisons diverses, etc.,) ou petits terrains isolés non susceptibles de voirie, soit . . 33 58

De sorte que, la surface de voirie, telle qu'elle résulte des études en cours étant de 9 h. 62 a. 33 c. est même supérieure de 8,000 mètres au chiffre résultant de l'hypothèse admise à l'expertise. - Il n'est pas inutile d'ajouter qu'à cette voirie il y a lieu d'incorporer les deux boulevards militaires qui occuperont une surface libre, livrée à la circulation, de 22,600 mètres pour le côté Bab-el-Oued et de 24,580 mètres pour le côté Bab-Azoun, ce qui accusera une surface totale de terrain de 47,180 mètres.

En résumé : une surface de rues, boulevards, places ou squares de 143,413 mètres desservira une superficie de terrain à bâtir de 211,915 mètres. C'est donc près de deux tiers de terrains qui seront consacrés à la voirie c'est-à-dire à la circulation, à l'aération des nouveaux quartiers.

La proportion, on le voit, donnera satisfaction aux hygiénistes et à ceux qui ont le désir légitime de « faire grand et durable ».

En ce qui concerne la disposition des rues :

1· *Côté Bab-el-Oued.*

Pour l'utilisation des terrains de l'Arsenal on remarque que la principale préoccupation a consisté dans l'établissement d'une circulation facile, commandée d'ailleurs par le maintien des artères principales d'ailleurs prolongées (avenue Bab-el-Oued, rue Bab-el-Oued et rue Amiral-Pierre.)

Ces deux dernières viennent se réunir au centre des terrains de l'arsenal où un rond-point de 60 mètres de diamètre et d'une superficie de 2,825 mètres a été ménagé. C'est sur ce point que viennent, en outre, converger toutes les rues secondaires, au nombre de huit, qui sillonnent soit parallèlement, soit perpendiculairement à la mer. les terrains de l'arsenal et de la place Bab-el Oued représentant une surface de 5 h. 71 a 21 c.

Les principales artères formant prolongement des rues Bab-el-Oued et Amiral-Pierre, ont été conçues avec arcades.

L'orientation principale est au Nord.

A son départ du rond-point dont il vient d'être parlé, la rue Amiral-Pierre, après avoir traversé le boulevard militaire, vient se joindre à la route Malakoff, à l'extrémité de la courbe, par une pente ménagée à la suite d'un nivellement étudié.

Pour améliorer la circulation et atténuer les fortes pentes, additionnellement à cette voie, le service technique a projeté, parallèlement à l'avenue Malakoff, entre cette avenue et la mer, une voie, sorte de viaduc, de douze mètres de largeur, sur une longueur de 800 mètres environ, venant aboutir à la Consolation, en restant à une altitude constante de 10 mètres environ au-dessus du niveau de la mer.

Cette route-viaduc longerait la future gare de la ligne d'Alger à Koléa. Le rez-de-chaussée des voûtes serait à la hauteur de la voie ferrée. Ces voûtes, au nombre de 186, constitueraient de véritables docks communiquant de plein-pied avec l'avenue actuelle, le chemin de fer et la plage. Au point de vue de l'aspect et du respect des lignes architecturales, cette voie serait, en quelque sorte, de ce côté, la continuation du front de mer dessiné par le boulevard.

Bien que la construction de cette route-viaduc soit tout à fait accessoire, il nous a paru utile de l'indiquer. En effet, la dépense étant évaluée à un million et la location des 186 voûtes, d'une superficie de 48 mètres chacune, étant évaluée à un minimum de 600 francs par an, soit un revenu dépassant cent mille francs, on peut constater que l'idée mérite d'être retenue pour un examen approfondi.

Poursuivant la description des voies intéressant Bab-el-Oued, nous dirons que sur les 8 h. 29 a. des anciennes carrières de Bab-el-Oued, il a été projeté un réseau de rue, commandé tout d'abord par les trois traverses indiquées sur les plans annexés à la Convention : avenue Bab-el-Oued, rampe Valée et rue Randon prolongée. Vingt nouvelles rues ont été tracées sur cette surface ; elles ont été combinées, en raison de la déclivité des terrains, de façon à faciliter le plus possible la circulation aux voitures, et à se raccorder avec les voies existantes du quartier Bab-el-Oued dont quelques-unes seront rectifiées. Il y aura des murs de soutènement à construire ; la traversée de la fortification en prolongement de la rampe Valée, pour aboutir au faubourg Bab-el-Oued, est projetée au moyen d'un pont viaduc de façon à passer au-dessus de partie des terrains du Stand.

2· *Côté Bab-Azoun.*

Le lotissement, du côté Bab-Azoun, se trouvait également commandé par la fixité des principales artères existantes : — boulevard de la République, rue de Constantine, rue d'Isly.

Un des points saillant du lotissement proposé de ce côté consiste dans la création d'une artère nouvelle partant de l'extrémité du boulevard au fort Bab-Azoun et aboutissant au Lazaret, à la rue de Constantine, à laquelle elle se soude, en prologement direct de l'alignement de cette dernière voie jusqu'à la fontaine de l'Agha.

D'autre part, on peut remarquer aussi que la rue militaire qui fait suite à la rue St-Augustin et dessert, par conséquent la partie haute de la ville actuelle, aboutira, par un prolongement carrossable à la porte d'Isly.

Il est également prévu un raccordement direct entre la rue de Constantine et le port au moyen d'une voie qui, partant des environs du Lazaret, traverserait les terrains de l'ancienne usine à gaz, et dégagerait ainss les voies principales de l'intérieur de la ville de tous les gros charrois.

Le nombre des rues intéressant ce nouveau quartier est de 28.

3· *Terrains du Champ-de-Manœuvre.*

Quant à ces terrains, les alignements et les nivellements n'offriront aucune difficulté en raison de l'horizontalité du sol

La direction des rues à créer est naturellement indiquée par la situation, la forme du terrain et son lotissement régulier.

§ 2. — Travaux de voirie.

Indépendamment des alignements et nivellements qui sont presque terminés, les études ont également porté sur l'établissement de projets intéressant la construction et autres travaux destinés à parachever la voirie, les chaussées, les caniveaux, les trottoirs, les égouts.

Nous allons vous donner un aperçu de l'état actuel de ces projets qui ont été dressés méthodiquement et qui s'appliquent à chacune des rues, afin de pouvoir exécuter les travaux dans un ordre déterminé, suivant leur degré d'opportunité

Chacun des projets contient un plan d'alignement et de nivellement, un devis et tout ce qui réglementairement constitue un dossier susceptible de figurer aux enquêtes et aux conférences.

1° *Côté Bab-el-Oued*

La voirie intéressant tous les terrains de ce nouveau quartier, se subdivise ainsi, en chiffrant la dépense dès à présent, d'une manière aussi approximative que possible :

A. — Terrassements.	285.000	»
B. — Empierrement	64.000	»
C. — Pavage en bois	188.000	»
A reporter. . .	537.000	»

Report. . .	537.000	»
D. — Escaliers	22.000	»
E. — Maçonnerie pour murs de soutènement	450.000	»
F. — Trottoirs et caniveaux . .	260.000	»
G. — Egouts	200.000	»
Total.	1.469.000	»

En ce qui concerne les égouts, quatre types de diverses grandeurs ont été adoptés. Ils sont tous voûtés ; même dans les plus petits, la section est suffisante pour que la surveillance et la réparation y soient faciles.

Ce sont les types les plus modernes qui ont été adoptés

Il est superflu pour l'instant de se livrer à une autre description.

2° *Côté Bab-Azoun*

Les projets de voirie concernant les terrains situés dans ce quartier ont l'importance suivante :

A. — Terrassements.	100.000	»
B. — Empierrement.	50 000	»
D. — Escaliers	10.000	»
E. — Maçonnerie pour murs de soutènement	215.000	»
F. — Trottoirs et caniveaux. . .	160.000	»
G. — Egouts	100.000	»
Total.	635.000	»

3° *Terrains du Champ de Manœuvres*

La voirie peut être évaluée à une somme de **100,000 francs.**

Ainsi donc, les travaux de voirie, pour 9 h, 62 a. 33 c. représentent une dépense totale de 2,204,000 francs, soit en chiffres ronds 2,200,000 francs et deux millions et demi, si l'on y ajoute 300,000 francs pour la canalisation en eau, limitée à l'alimentation de ces nouveaux quartiers.

Mais nous prévoyons cette voirie pour un chiffre de 3 millions. En ce qui concerne la canalisation du gaz, la dépense est à la charge de la Compagnie avec laquelle la Ville est liée.

Mais tous ces travaux n'ont pas le même degré d'urgence. Il faudra les « sérier » suivant, en cela, le mode employé pour l'aliénation. La dépense qui les concerne n'est donc pas immédiate. Pour les terrains des anciennes carrières, par exemple, il serait étrange d'envisager la possibilité d'une exécution immédiate de travaux de viabilité. Par conséquent il ne s'agit pas dans le projet qui nous occupe d'incorporer la dépense pour travaux de voirie, nous y pourvoirons, successivement, à l'aide des ressources naturelles que fourniront les aliénations méthodiques, qu'il conviendra de régler, afin de ne rien compromettre et d'éviter l'écueil redoutable résultant ou d'une crise immobilière possible par suite de la mise en vente d'une trop grande quantité de terrains ou de l'avilissement des prix.

Il importera donc de combiner la marche des amodiations avec la capacité de la fortune publique et celles des particuliers et aussi avec ce facteur puissant qui sera l'élément le plus sérieux de la réussite, nous voulons parler de l'augmentation de la population. c'est-à-dire du peuplement graduel — sans dépeupler les autres quartiers — des immeubles bâtis.

ESTIMATION DES TERRAINS

Mais les études ne se sont pas bornées aux indications générales que nous venons de vous fournir relativement à la voirie pour que vous sachiez où en est exactement l'affaire et que le public, lui aussi, sache que si nous n'avons pas attiré son attention par

Nous bornons là, ces simples considérations qui trouveront leur développement dans d'autres projets de résolution dont vous serez saisi : l'avenir étant absolument réservé sous ce rapport,

un bruit intempestif, le temps parcouru pendant les
négociations ouvertes sur le projet de Convention, a
été utilement employé par la Municipalité pour que
vous soyez prêts le jour où la loi aura enfin décidé le
déclassement.

Nous avons fait procéder à une estimation du terrain
en tenant compte du prix de vente appliqué à des
terrains similaires ou résultant de transactions récentes.

Ce ne sont là, évidemment que des calculs de probabilités, mais de probabilités basées cependant sur des
faits démontrés et respectables. Et si nous en parlons,
c'est moins pour en tirer des déductions financières
que pour démontrer la possibilité de réaliser l'opération directement ; car, si une société financière peut
la réaliser pourquoi la Ville ne la réaliserait-elle pas ?

L'exemple d'opérations faites par les sociétés et qui
ont été suivies de désastres est fréquent. A l'heure
actuelle on pourrait citer certaines villes de la Métro-
pole qui éprouvent des déboires et des sociétés qui
opèrent péniblement en se rabattant sur le crédit de
ces mêmes villes.

Mais en serait-il de même avec le crédit dont dispose
une Ville et qui est là, comme la sollide et inébran-
lable garantie que les événements financiers les plus
difficiles ne peuvent pas compromettre, parce qu'une
Ville est placée sous la sauvegarde d'une législation
particulière qui la protège contre ses propres entraîne-
ments, les causes et les conséquences de crises devant
lesquelles les compagnies peuvent quelquefois succom-
ber.

En examinant, en effet, chacun des groupes d'immeubles qui ont par leur situation, leur exposition,
leur proximité ou leur éloignement des immeubles et
des quartiers habités, des analogies et des affini-
tés, il est facile de fixer les idées sur la valeur actuelle
des immeubles cédés et sur leur valeur future, l'hypothèse admissible étant, que dans tous les calculs les
plus défavorables, la valeur de l'ensemble des immeubles ne peut pas diminuer : — la plus-value sera aussi
acquise et justifiée par l'exécution des travaux, la
construction progressive et méthodique d'immeubles,
par la durée et la possibilité de l'attente qui détermi-
neront, elles aussi, cette plus-value.

Raisonner différemment ce serait condamner le
dérasement lui-même et il n'est pas un esprit qui son-

gerait ou à soutenir cette thèse ou à renoncer à une transformation de la ville.

D'autres éléments d'appréciation résident en outre dans le résultat des transactions touchant des terrains avoisinants dont les prix peuvent servir de point de comparaison

En nous basant sur ces simples considérations générales ne peut-on pas assigner aux terrains les valeurs suivantes ?

Ainsi, les lots de terrains de la 1re catégorie c'est-à-dire ceux qui seront remis à la Ville un mois après la promulgation de la loi offrent comme surfaces utilisables immédiatement :

1· 7,697 mètres de terrain à bâtir, défalcation faite, de la surface des rues à créer entre la rue d'Isly, la rue de Constantine et l'église anglicane(

Cette première partie pourrait être mise en vente sans délai. Or, en tenant compte de ce fait que des terrains voisins se sont vendus récemment 400 francs le mètre, rue d'Isly, plus de 160 francs le mètre à Mustapha près de la fontaine de l'Agha, il ne paraîtrait nullement exagéré d'estimer à 200 francs le mètre le prix moyen de cette première surface et vendre à ce taux. Cette première aliénation de terrain pourrait produire une somme de 1,479,400 francs, soit en chiffres ronds 1,500,000 francs.

2° Les terrains du Champ-de-Manœuvre compris aussi dans la première catégorie seraient aliénables immédiatement.

La surface utilisable est d'environ 33,600 mètres.

Ces terrains peuvent être évalués au bas mot entre 45 et 50 francs le mètre ce qui donnerait 1 million 512,000 francs soit 1 million 500,000 francs.

3° Enfin, seront aussi remis à la Ville, une série d'immeubles épars dont l'ensemble figure à l'expertise pour une somme de 115,371 francs.

La revente de ces immeubles pourrait se faire immédiatement et produirait au moins 150,000 francs. Dans tous les cas, si la Ville les conservait pour ses services publics, elle augmenterait son patrimoine immobilier d'une égale valeur et n'aurait plus à payer des loyers de locaux affectés actuellement à partie de ses services.

En résumé, ce premier groupe représenterait pour la Ville, défalcation faite des rues :

1° Terrains entre la rue d''sly et la rue de Constantine, une somme de . . 1 500.000
2° Terrains de Mustapha 1.512 000
3° Immeubles divers 150.000

Total 3 162.000

2ᵉ GROUPE

Aux termes de l'art. 7 de la Convention, les lots de la 2ᵉ catégorie ne seront remis que successivement et après l'organisation des établissements militaires destinés à les remplacer. Toutefois, un délai maximum de trois ans, à partir du paiement du premier acompte d'un million, est fixé pour cette remise.

Ces lots ont été estimés à l'expertise 1,714,000 fr.

En considération de leur situation et de l'avant-projet d'alignement la valeur de revente peut-être fixée comme suit :

Le lot n° 4 offre une surface totale de terrain à bâtir de 36,564 mètres.

Les maisons susceptibles d'être construites dans cette partie seront situées dans un quartier complètement neuf, bien orienté, à rues spacieuses et on peut sans témérité estimer le prix moyen du mètre à 120 francs. Les terrains de la rue Randon ont été vendus récemment aux enchères à un prix moyen de 135 francs et ceux de la rue des Consuls prolongée ont été expertisés et payés après expropriations à 140 francs. Avec cette hypothèse on arrive à un prix total de revente de. 4 387, 680

Lot n° 5 (entre le boulevard de la République et la rue de Constantine) surface à bâtir et défalcation des faites des

A reporter. . . . 4 387.680

Report. . .   4 387 080

rues 10,090 mètres. On peut sans exagé-
ration estimer à 200 francs le prix moyen
du mètre, ce qui donnerait un total de.   2 018.000

    Le lot n° 8 qui lacomprend place Mar-
gueritte et le fort Bab-Azoun, offrira en
dehors des rues une surface à bâtir de
6,500 mètres environ. On peut estimer
ces terrains à 200 francs le mètre et en
retirer 1.300.000

    Lot n° 15, caserneLemercier. La sur-
face utilisable étant de 2,490 mètres, on
peut estimer le mètre à 200 francs et la
revente produirait environ. 493 000

    La caserne Lemercier, pourra faire
l'objet d'une réserve pour un édifice public, en raison de sa situation avec quatre
façades par suite de projets de rues qui
sont appelées à l'isoler.

    Lot n° 16. — Ancien gymnase de la
caserne Lemercier, 220 mètres environ
à revendre à 150 francs le mètre. . .   33.000

    Lot n° 17. — Caserne Macaron, à re-
porter en façade sur la rue Amiral-
Pierre. Surface à revendre 637 mètres à
130 francs le mètre, ou utilisation pour
une école. 82.800

    Lot n° 20. — Maison rue Jean-Bart,
463 mètres à revendre à 120 francs. .   55 500

    Total d'estimation du 2ᵉ groupe. .   **8.375 000**

Il y a lieu de remarquer que ces terrains remis dans
un délai de trois ans à dater de la loi, sont utilisables
immédiatement par les acquéreurs, en raison de leur
situation topographique.

TROISIÈME GROUPE

Les immeubles de la 3ᵉ catégorie sont estimés à l'expertise pour une somme de 2,768,898 francs. Les terrains qu'ils mettront à la disposition de la ville peuvent être estimés comme suit au point de vue de la revente.

Lot nᵒ 1, comprenant les terrains extra-muros entre la mer et les carrières, aux environs de la route de la Bouzaréah et de la route Malakoff, se vendront croyons-nous facilement et on peut estimer le prix moyen du mètre à 30 francs ; la surface à revendre pour la construction étant de 14,118 mètres le produit total peut être de. 423.540

Lot nᵒ 2. — Les terrains des anciennes carrières de Bab-el-Oued offriront 61,771 mètres de terrain à bâtir défalcation faite des rues. Ces terrains se revendront environ 10 francs le mètre si l'on tient compte du prix de vente actuel dans cette région et en considérant que l'aliénation des terrains ne se fera que progressivement dans un temps très éloigné d'ailleurs. Ce sont là des terrains à bon marché qui acquerront lentement une plus-value et sur lesquels on peut projeter avec fruit la construction de cités ouvrières. A ce prix ils produiront. 617.710

Lot nᵒ 3. — Ce lot en avant de la caserne Valée en façade remarquons-le, sur le boulevard militaire a une surface de 2,325 mètres à 50 francs le mètre. . 116 250

Lot nᵒ 6 (*complément*). — Ce lot situé entre la rue de Constantine, la rue d'Isly et le boulevard militaire sera dans une excellente situation. La surface est de 1,832 mètres et on peut l'estimer à 200 francs le mètre, soit un total de . 366 000

A reporter. . . 1.523 500

Report 1 523 500

Lot n° 7. — Les terrains situés entre la rue d'Isly et la rue St-Augustin prolongée d'une surface totale de 7,043 mètres peuvent être évalués à 70 francs le mètre en moyenne, ils produiront . . 493.000

Lot n° 9. — *(Club gymnastique)*. — Ces terrains sont bien situés ; leur surface totale à utiliser est de 8,960 mètres le prix moyen qui leur est applicable est fixé à 140 francs, ils produiront donc . . 1.254.000

Lot n° 10. — *(Parc d'Isly)*. — La surface est de 9,813 mètres ; le prix peut être fixé à 100 francs en moyen ce qui donne 981.300

Lot n° 11. — A l'ouest des portes d'Isly 1,935 mètres à 40 francs le mètre. 77 400

Lot n° 18. — *(Ancienne usine à gaz)*. — Ce lot a une surface totale à bâtir de 7,032 mètres ; on peut l'estimer à 120 fr. soit au total 843 840

Total pour les immeubles de la 3ᵉ catégorie 5.173 000

Sur partie de tous ces terrains il conviendra d'en réserver pour des Ecoles, Justices de Paix, Marchés, Halles etc.

Ces estimations sommaires, et qui ne sauraient engager la Ville pour l'avenir, notre démonstration se bornant pour l'instant à rassurer et le public et l'autorité qui aura à examiner nos propositions financières, donnent donc le résultat suivant :

Immeubles de la 1ʳᵉ catégorie . . . 3.162.000
—   2ᵉ   —   . . . 8.374.900
—   3ᵉ   —   . . . 5.173.000

Total 16.709.900

C'est donc un chiffre de 17 millions environ — que donnerait l'aliénation des terrains si nos estimations, même très réduites, se maintenaient. Mais il est évident que l'opération si elle est étendue sur une longue période — et c'est une des conditions absolue et essentielle de réussite— ne peut que profiter d'une plus-value.

Le chiffre de 17 millions, accuserait déjà un bénéfice de 5,530,000 francs sur la soulte payée par la Ville à l'Etat.

Il n'entre pas dans notre cadre de faire figurer dans cette courte étude économique les intérêts de la somme à emprunter, pour payer tout d'abord ces terrains en attendant la revente, car c'est là une opération financière et communale — ne l'oublions pas — assurée en partie par les ressources ordinaires déjà engagées pour l'amortissement d'une dette antérieure, assurée en outre par des ressources extraordinaires dont la Commune demande la création, assurée aussi par l'affectation de ressources ordinaires prisessur le budget qui sont consacrées actuellement à des travaux publics que paieront désormais les prix annuels des ventes et enfin par la surélévation des revenus communaux justifiée par suite de l'augmentation graduelle de la population.

En résumé en contractant un emprunt de 17 millions et demi la Ville aura à sa disposition une ressource extraordinaire soit en numéraire, soit en terrains ou immeubles affectés à des services publics, une ressource extraordinaire d'à peu près égale somme et elle aura aussi converti dans de bonnes conditions sa dette consolidée.

Cette somme de 17 millions constituera une importante réserve destinée à faire face d'abord aux travaux de voirie évalués. . . . . . . 3 000 000 »
ensuite à l'exécution des travaux d'amenés des eaux de Bab-Ali, avec la réfection de la canalisation intérieure de la ville . . . . 3 500.000 »
et le surplus . . . . 10.500.000 »
pourra être consacré ou à des travaux de remaniement des quartiers actuels, d'élargissement des rues, d'assainissement, de réfection du réseau d'égouts.

A reporter. . 17.000.000 »

Report. . . 17.000.000 »

ou bien encore à la réduction successi-
ve de la dette consolidée afin de laisser à la Ville ses ressources annuelles
disponibles.

Total . . . '7.000 000 »

La première partie de notre tâche est terminée. Nous
allons aborder la deuxième partie de notre travail par
la présentation de nos voies et moyens pour assurer
la réalisation de notre projet.

OBSERVATION INCIDENTE

Vous avez vu que les études des travaux d'édilité sont sur
le point d'être achevés, en ce qui concerne la création des
quartiers neufs.

Il reste au service technique, à compléter la mission que
vous lui avez confiée par l'étude du remaniement des quartiers actuels et des projets de certains travaux d'assainissement.

Les études vont être poussées dans ce sens après que ceux
en cours seront complétés.

DEUXIÈME PARTIE.

Emprunt de 17 millions 500 mille francs.

De toutes les considérations qui ont été émises, il ressort que les voies et moyens présentés sous la forme d'un emprunt communal indiquent économiquement et légalement la solution la plus facilement réalisable.

Ceci étant admis, il ne nous reste par conséquent qu'à démontrer financièrement si les ressources normales ordinaires et extraordinaires de la Commune sont, dans le présent comme dans l'avenir, en état de gager un emprunt de 17 millions 500,000 francs destinés :

1· A la conversion de la dette ;

2· Au paiement des 11,470,000 francs qui seront dus à l'Etat pour l'exécution de la Convention.

Pour arriver à cette démonstration, il nous reste à exposer la situation financière de la Commune et le mouvement ascensionnel et assuré de ses ressources.

Situation financière de la Commune.

En 1871, période qui coïncide avec la chûte d'un état de choses particulier, les budgets communaux se chiffraient, pour une population de 47,707 habitants, par un mouvement de recettes et de dépenses de 1,200,000 francs.

En 1881, pour une population de 65,227 habitants, nous constations une situation budgétaire de 1,900,000 francs.

En 1886, pour une population de 71.122 habitants, nous constatons un nouvel accroissement qui fait passer les recettes de 1,900,000 francs à 2,500,000 fr.

Enfin de 1886 à 1891, période pendant laquelle la population n'a pas théoriquement variée, les recettes se sont progressivement élevées de 2,548,000 francs à 2,739,000 francs, bien que l'influence des lois scolaires, les réductions des subventions et de certains produits aient eu pour résultat de réduire les ressources normales du budget de près de 250,000 francs.

Et nous raisonnons avec les données du recensement de 1886 alors qu'en fait, notamment pour l'octroi de mer, il est certain que le rendement des divers impôts se ressentira de l'élévation de la population que le recensement de 1891 a fait passer à Alger de 71 à 81,000 habitants, et dont nous attendons les effets d'une fixation officielle imminente.

Il est donc constant que les recettes bénéficient d'une progression annuelle de plus de cent mille francs par an.

Cette situation budgétaire, dont nous fournirons à l'appui de notre projet d'emprunt les justifications probantes et qu'accusent les comptes administratifs souverainement approuvés, doit être complétée par une autre situation sur les facultés immobilières de la Commune et sa dette consolidée.

Pour la première partie, elle se chiffre par une somme de cinq millions en immeubles affectés à des services publics ou dépendant du domaine privé et aliénable de la Commune.

Pour la deuxième partie, la Ville, aux termes d'un traité en date du 28 janvier — 10 mars 1880, reste devoir au 1er janvier 1892, au Crédit Foncier de France en principal une somme de 4,572,472 fr. 36, au taux de 4,50 0/0 et avec amortissement, 5,045,188 0/0 sur l'emprunt de 5 millions contracté avec cet établissement.

Elle doit, en outre, sur l'emprunt de 1,600,000 francs contracté en 1887, au taux de 4,40 0/0, par voie de souscription publique, une somme de 1,426,500 francs. Total de la dette consolidée 6,008,972 fr. 36.

Le montant des annuités payées chaque année pour l'amortissement de ces deux emprunts est de :

Emprunt de 1880	. . .	252.259 40
— 1887	. . .	97.164 14
Total	. . .	349.423 54

Cette double annuité est prélevé intégralement sur les ressources ordinaires du budget.

La faculté de remboursement anticipé de ces deux emprunts est formellement réservée à la Commune en

ce qui concerne l'emprunt de 1887, et, elle y a droit. en
ce qui concerne l'emprunt de 1880, sous conditions de
paiement d'une prime de remboursement d'un demi
pour cent.

Nous constatons que le taux de l'intérêt cumulé de
ces deux emprunts (4,50 4,40) donne, avec l'amortissement calculé, l'un, pour une période de 30 ans, une
moyenne bien au-dessus du taux de 4 0/0 que nous
vous proposons d'admettre en principe, en y ajoutant
l'amortissement en 50 ans.

En effet, ce taux d'intérêt 4 0/0, étant admis, l'annuité serait de 4,640,548 0/0 ; de telle sorte qu'en
appliquant ce taux, le montant de l'annuité serait
ramené de 348,841 fr. 34 à 306,276 fr. 17, bénéfice
annuel 42,565 fr 17, soit pendant une moyenne de
40 ans une somme supérieure à 1,600,000 francs non
compris l'Intérêt.

Par le simple fait de la conversion de la dette consolidée, c'est donc une somme de 42,000 francs dont
la Ville trouverait immédiatement la disponibilité.

Cette somme amortirait à elle seule dans une
période de 50 ans un capital de 900,000 francs
à 4 0/0

Notre calcul est établi au 1ᵉʳ janvier 1892, époque
à laquelle la Ville devrait à ses créanciers de 1880 et
de 1887, une somme exacte de 6,068,080 fr. 98, mais
que nous ramenons à 6,030,000 francs, la différence
(38,080 fr. 98) devant être amortie d'ici à la réalisation
effective de l'emprunt par le paiement des annuités
ou des inscriptions budgétaires destinées à y faire
face

A cette dette consolidée de 6,030,000 francs nous
devons ajouter deux contingents qui se chiffrent par :

1° 1,470,000 francs, montant des frais de dérasement
des fortifications pris en charge par la ville ;

2° Dix millions, montant du prix d'acquisition des
31 hectares vendus par l'Etat.

C'est donc à une somme de 17,500,000 francs que
s'élève la somme que la Ville aura à payer si d'une
part vous adoptez le principe de la conversion de la
dette, et que d'autre part vous vous ralliez au projet
de réalisation directe par la Ville. de l'opération du
dérasement.

Quant à la dette non consolidée elle se résume dans

une somme de 300,000 francs due à la Banque de l'Algérie dont le remboursement est assuré par le montant des annuités dues à la Ville sur le montant de prix de vente du terrain de la rue Randon. Elle est assurée au surplus par l'encaisse métallique et qui s'élève à près de 400,000 francs.

Les motifs qui nous conduisent à notre conclusion, vous paraîtront, comme à nous, absolument déterminants, et, c'est ici, le moment de reprendre en la complétant l'ébauche de l'emprunt que nous avions esquissée à propos du budget de 1891.

Nous vous proposons en conséquence d'émettre un emprunt de 17,500,000 francs, lequel dans notre esprit serait réalisable à des époques différées, coïncidant, sauf pour le remboursement de la dette consolidée, à des époques déterminées par la Convention du 27 novembre 1891, savoir :

1,470,000 francs susceptibles d'être réclamés par l'Etat après le vote de la loi décidant le déclassement et un mois après que le Génie en aura fait la demande. Comme on le voit, cette première somme n'est pas stipulée payable immédiatement, nous la prévoyons néanmoins, ci 1 470 000

L'intérêt de la Ville commande d'ailleurs que cette somme soit payée rapidement si ce paiement doit avoir pour conséquence le commencement des travaux de démolition.

Dix millions, représentant à des époques de paiement fixés dans la Convention, le prix de vente des terrains, ci . . 10.000.000

A ces onze millions 470,000 francs, si nous ajoutons les 6,030,000 francs nécessaires à la conversion de la dette consolidée 6.030 000

C'est bien une somme de 17.500.000

qui est nécessaire à la conclusion financière de l'opération.

Mais comment faire face à une annuité correspondant à une somme qui peut paraître a *priori* si considérable ?

Et tout d'abord, nous avons comme premier facteur le montant des annuités actuelles payées sur ressources ordinaires, pour le remboursement des emprunts en cours, savoir : 1° Emprunt de 1880 (art. 106 du budget de 1892), y compris 500 francs pour intérêts éventuels de retard. 252.759 40

2° Emprunt de 1887, (art. 106). . . 97.164 14

3° Le montant des impôts dûs à l'Etat sur l'emprunt de 1887, que l'on suppose devoir être payés dorénavant par le prêteur, ainsi que cela se passe pour le Crédit foncier de France, mais que le budget ordinaire supporterait si ces impôts étaient imputés à la Ville . . . 4 859 33

C'est donc une première somme de 354.782 87 dont la commune a absolument la disposition.

Les nouveaux facteurs appelés à concourir à la constitution de l'annuité nécessaire au service de l'emprunt projeté, se composent de divers éléments et se chiffrent par une somme de. . . . 457.313 03

Soit 812 095 90

Chiffre égal à l'annuité comprenant l'intérêt (4 0/0) et l'amortissement d'un capital de 17,500,000 francs, amortissable en 50 ans, ce qui correspond à un taux de 4,640,548 0/0

Il nous paraît que l'état du marché et les récentes lois votées au Parlement, permettent d'espérer des conditions d'emprunt telles que nous vous les proposons.

Mais nous vous devons des explications en ce qui concerne la formation de la différence entre les annuités répondant actuellement aux dettes exigibles et celle qui sera nécessaire à l'amortissement de l'emprunt projeté.

Le budget de 1892 se chiffre en recettes ordinaires par 2,607,827 fr. 15, le chiffre est conforme à la moyenne des recettes des trois dernières ainsi que vous pouvez vous en convaincre, par les explications fournies à l'appui de chaque artic. du budget.

Aucune majoration n'a été apportée dans les évaluations budgétaires ; on ne saurait trop le répéter.

Les dépenses de même ordre se chiffrent par 2,315,310 fr. 97, déduction faite de la différence existant entre le montant des annuités en cours, payées sur ressources ordinaires, et le montant de l'annuité totale prévue à ce budget.

C'est qu'en effet dans l'annuité de 812,095 fr 90 se trouve comprise une somme de 354,782 fr 87, représentant les annuités dues pour le service des emprunts en cours. La différence 457,313 fr. 03 reste seule à justifier

Il résulte de ces explications que l'excédent des recettes ordinaires sur les dépenses ordinaires est d'abord de . . . . 292 516 18 que nous inscrivons.

2° Puis nous vous proposons d'inscrire vingt centimes extraordinaires à l'impôt foncier que la loi du 23 décembre 1884 nous permet de prélever, avec l'autorisation du Parlement (art. 10 §, 2 de la dite loi) . . . . 81.372 40 et nous vous demandons de les voter supplémentairement aux 20 centimes déjà votés et inscrits au budget

La propriété foncière nous parait en état de supporter cette contribution que d'autres communes ont obtenue pour gager des emprunts dont le produit est affecté à un intérêt public marqué

Cette recette éventuelle est portée à l'art. 53 du budget de 1892.

3° Application du nouveau tarif de la taxe du balayage . . . . 44.500 » inscrit à l'art 54 et à propos duquel, au budget de 1892 nous vous donnons les explications nécessaires ;

4° Différence existant entre le montant des centimes additionnels que les communes sont autorisées à percevoir en en vertu de l'art. 10, § 1er de la loi du 23

A reporter 428.388 58

Report. 428 388 58

décembre 1884 et dont l'affectation n'est prévue, par délibération du Conseil municipal, que pour une somme de 45,576 fr. (art. 130 du budget).

A l'article 43 du budget nous avons inscrit une recette de 81,372 fr. 40 provenant des premiers 20 centimes extraordinaires que la Commune est autorisée à percevoir. Ces 20 centimes n'étant affectés que jusqu'à concurrence de 45.576 fr. C'est donc 35.796 40

Qui restent disponibles. 454.184 98

La somme complémentaire nécessaire à la fixation de l'annuité de 812,095 fr., 90, soit 3,128 fr., 05 sera prise sur la différence existant entre les recettes extraordinaires et les dépenses de même nature. Ce ne peut être là un écueil sérieux. Dici au moment de la réalisation de l'emprunt, la Ville aura suffisamment amo ti sa dette consolidée pour trouver cette différence insignifiante et à la quelle un simple relèvement de recette est en état de pourvoir.

Mais il y a plus : nous devons indiquer ici que l'intégralité de l'annuité ne sera pas exigible immédiatement, car nous n'aurons à faire face, dès le début, qu'au paiement de 6,030,000 francs représentant la conversion de la dette. Puis, aux deux premiers millions payables de six mois en six mois, un mois après la date de l'approbation de la convention et enfin 1,470,000 francs payables éventuellement dans le cours de la première année.

La première annuité ne s'élèverait qu'à 440,852 francs 06 ; ce qui laisserait une somme disponible de 371,243 fr. 84.

Pour la 2e année, l'annuité ne sera que de 533,663 fr. 02 la Ville devant 11 millions 500,000 francs.

Pour la 3e année que de 626,473 fr. 48 la Ville étant débitrice de 13,500,000 francs.

Pour la 4e année que, 719,284 fr. 94 la Ville étant débitrice de 15,500,000 francs.

Et, enfin, ce ne serait qu'au bout de la 5e année que l'annuité de 812,095 fr. 90 sera complète et que la Ville serait débitrice des 17,5000,000 francs.

En admettant la réalisation de l'emprunt, dans les conditions où il est théoriquement établi, le budget, tout en servant les annuités, pourra néanmoins consacrer aux travaux extraordinaires, pendant une période de quatre ans et sans tenir compte d'aucune plus-value, de 928,109 fr. 80 c'est-à-dire près de un million soit environ 250,000 francs par an.

Mais ainsi que nous l'avons dit l'emprunt de 17 millions 500,000 francs représente un maximum d'efforts auquel il ne sera certainement pas nécessaire de faire appel, car c'est ici l'occasion de faire entrer dans la combinaison les produits successifs de la vente des terrains dont nous avons fait une évaluation.

C'est en raisonnant ainsi que votre Municipalité tout en inscrivant au budget de 1892 l'annuité intégrale de 812,025, fr. 90 pour démontrer la possibilité mathématique et économique de l'obtenir, n'a porté en recettes et en dépenses que la somme de 9,500,000 francs représentant le montant des obligations immédiates auxquelles aura à faireface la Ville en 1892 dès l'approbation par le Parlement de notre projet d'emprunt.

Quant aux fractions complémentaires de cet emprunt, nous vous proposons d'insérer dans le cahier des charges qui en déterminera les clauses et conditions, d'en faire coïncider les versements avec les époques de paiement fixées à la Convention.

Mais en réservant par exemple à la Commune la faculté de ne pas réaliser l'intégralité de l'emprunt au delà de 12 millions et de rembourser par anticipation.

C'est donc un emprunt ferme de 12 millions et un emprunt conditionnel de 17,500,000 francs. que nous vous demandons de voter.

Le cahier des charges réglera le détail de l'opération.

Par conséquent, l'annuité fixe de 812,095,90 ne sera réellement due et payée que dans le délai de 5 ans à partir du jour du premier versement, ce qui est de nature à nous rassurer et à rassurer le législateur sur la possibilité de réaliser, sans gêne pour la marche des services municipaux, une opération aussi importante que celle que nous vous proposons.

Pour nous résumer, si d'un côté la Commune emprunte 17,500,000 francs, elle liquide avantageusement une dette consolidée et elle paie, en restant maîtresse absolue des événements et de l'avenir, les terrains qu'elle aura acquis de l'Etat par une convention librement consentie et conclue de part et d'autre avec la préoccupation des intérêts véritables de la cité, sans mélange d'idées spéculatives.

D'un autre côté, elle aura à sa disposition, pour couvrir les travaux de voirie nécessaires à la mise en valeur des terrains aliénables qui lui sont vendus, et que nous avons évalués à trois millions, la somme de dix millions représentant la valeur actuelle de ces terrains.

Elle aura, en outre, à sa disposition les plus-values qu'acquerront ces mêmes terrains pendant une période qu'il serait téméraire de fixer et que tous les calculs les plus osés comme les plus probables ne sauraient déterminer d'une façon précise, mais qui sont assez certaines cependant pour compenser et au delà les dépenses d'édilité qu'engagera la Ville, ainsi que les réserves territoriales qu'elle opérera pour agrandir son patrimoine communal. Ces réserves, cela vous a été déjà été indiqué, consisteraient à affecter, sur certains points de la Ville, des terrains pour recevoir des constructions scolaires, des marchés ou des édifices communaux.

Indépendamment de ces ressources provenant soit de la revente des terrains soit des plus-values à acquérir, ne devons-nous pas faire état des revenus qui proviendront progressivement et sans impôt nouveaux de l'implantation de quartiers neufs et de l'exécution de travaux d'édilité ?

Il est certain à ce point de vue, que les revenus normaux et traditionnels de la Commune augmenteront dans une proportion dès à présent facilement appréciable, si nous en jugeons par les constatations que nous avons précédemment fait passer sous vos yeux en comparant les périodes budgétaires avec les périodes d'augmentation de la population.

En envisageant cet avenir, ce n'est pas faire preuve de trop hardiesse en estimant qu'à l'aide de toutes ces ressources combinées et en évoluant dans un cycle assez étendu, on peut concevoir aussi la réalisation d'une idée souvent carressée et qui a été sur le point d'être mise à exécution, idée qui consiste à profiter des avantages fournis par le déclassement pour remanier et assainir les quartiers de l'ancienne ville. Ce sera l'objet d'une étude que l'on peut actuellement se borner à indiquer et qu'il serait dangereux de solidariser avec le projet actuel.

Pour conclure, nous vous proposons de voter un emprunt de 17,500,000 francs ; de demander qu'un projet de loi sanctionne à la fois et le déclassement des fortifications dans les termes de la convention du 27 novembre 1891 et l'emprunt qui assure les voies et moyens d'exécution, tel que cette opération résulte des articles recettes et dépenses inscrites au budget de 1892 soumis à vos délibérations et qui est le corollaire de l'emprunt.

En conséquence nous vous proposons de donner votre assentiment unanime au projet de loi suivant qui résume l'opération du déclassement et de l'emprunt :

PROJET DE LOI

ARTICLE PREMIER. — Sont déclassées les parties basses de l'enceinte continue de la ville d'Alger, savoir : du côté de Bab-el-Oued, entre le point situé à soixante mètres du saillant du bastion 2, sur la face gauche de ce bastion, jusqu'au point situé à vingt mètres du saillant du bastion 3, sur la face gauche de ce bastion. Du côté de Bab-Azoun, entre le point de la courtine 12-13 situé à trente cinq mètres de l'angle du bastion 13, et le point situé à quatre-vingt-dix mètres du saillant du bastion 14, sur la face droite de ce bastion.

ART. 2. — Est approuvée la Convention passée le 27 novembre 1891, entre Monsieur le Préfet d'Alger agissant au nom et comme représentant du Domaine de l'Etat, et stipulant pour le compte des départements de la Guerre et des Finances et Monsieur le Maire de la ville d'Alger, ladite Convention comportant la cession à cette ville, par l'Etat, des terrains et bâtiments qui y sont désignés ainsi qu'aux plans y annexés, le versement par la Ville d'une somme de dix millions augmentée de celle de 1,470,000 représentant les frais de démolition des remparts, et toutes autres conditions y détaillées.

Cette convention sera enregistée au droit fixe de un franc cinquante centimes.

ART. 3. — La ville d'Alger est autorisée à emprunter à un taux d'intérêt qui ne pourra dépasser quatre francs pour cent (4 fr. %) sans amortissement et avec amortissement 4,640,848 % une somme de dix-sept millions cinq cent mille francs (17,500,000 fr.(amortissable en cinquante ans et applicable).

1° Au paiement à l'Etat, en dix termes égaux de six mois, de la somme de dix millions représentant la valeur estimative des terrains vendus à la Ville. 10.000.000

2° Au versement à l'Etat de la somme de 1,470,000 francs représentant les frais

A reporter 10 000.000

Report.   .   .   .

de dérasement de la partie des fortifica-
tions déclassées. .   .   .   .   .   . | 470.000

3° Enfin à la conversion des deux emprunts contractés par la ville le premier
d'une somme de cinq millions avec le
crédit foncier de France les 28 janvier
et 10 mars 1880.

Et le second, une somme de 1,600,000
francs par voie de souscription publique
conformément à la loi du 27 juillet 1887.

Les sommes restant dues sur ces emprunts s'élèvent sauf décompte au jour
des paiements à. 6 030.000

Total égal.   .   .   .   17.500 000

Cet emprunt pourra être réalisé soit avec publicité et
concurrence, soit degré à gré, soit par voie de souscription publique, avec faculté d'émettre des obligations au
porteur ou transmissibles par endossement, soit auprès
de la Caisse des Dépôts et Consignations, de la Caisse
Nationale des retraites pour la vieillesse, de la Société
du Crédit Foncier de France ou de tout autre établissement financier agréé par le Gouvernement.

Les conditions du cahier des charges pour la souscription à ouvrir ou pour le traité de gré à gré seront
préalablement soumises à l'approbation de M. le Ministre
de l'Intérieur.

Art. 4.— La ville d'Alger est autorisée à s'imposer
extraordinairement, pendant cinquante ans à partir du
premier janvier 1892 de vingt centimes (0 fr. 20)
additionnels à l'impôt foncier dont le produit sera
affecté au remboursement de l'emprunt autorisé par
l'article 3 de la présente loi, concurremment avec un
prélèvement opéré sur les resources ordinaires communales et sur le produit des autres centimes extraordinaires perçus en exécution de la loi du 23 décembre
1884.

Cette nouvelle imposition sera recouvrée indépendamment des centimes extraordinaires dont le maximum est fixé chaque année par le Conseil général.

Art. 5. — Il sera ouvert, en temps opportun, au Ministre de la Guerre, un crédit de 11,470,000 francs égal au montant des versements à effectuer successivement par la ville d'Alger et inscrit à un chapitre spécial du budget « Dérasement partiel des fortifications d'Alger. »

Il sera pourvu au crédit extraordinaire ci-dessus au moyen des ressources générales des budgets ordinaires de 1892, 1893, 1894, 1895, et 1896.

Art. 6. — A cet effet, les versements à faire par la ville d'Alger seront portés en recettes à un compte de trésorerie pour être appliqués aux produits domaniaux des dits exercices 1892 à 1896, dans la proportion des crédits ouverts ou à ouvrir à chacun de ces exercices.

La présente loi, etc....

ALGER. — IMP. ADM. GOJOSSO, 2, RUE BRUCE